Publication mensuelle de l'Idée Libre. — Août 1926. — N° 125

FASCISME

50 Centimes

ÉDITION DE LA REVUE L'IDÉE LIBRE

CONFLANS-HONORINE (SEINE ET OISE)

1926

8° R
3118G
126

DÉPÔT LÉGAL
31 DEC 19..
B.N. VOLUMES
AF240079

Fascisme et Cléricalisme veulent barrer la route au Progrès.

Y parviendront-ils ?

La Vérité sur la Question de Population, par **JOB**

Une brochure : 0,80 franco.

LA FRANC-MAÇONNERIE ET LA GUERRE, JOLIE PLA-QUETTE, 1.65 FRANCO.

L'Internationale Financière, par M° J. Bonzon (2 fr.).

ENVOYER MANDATS A ANDRÉ LORULOT, A CONFLANS-HONORINE (Seine-et-Oise).

La Libre Pensée
contre le Fascisme

La Libre Pensée estime qu'il est temps de réagir contre le péril du Fascisme.

Ce fléau politique et social, après avoir ravagé l'Italie et l'Espagne, s'est implanté en beaucoup d'autres pays, fomentant des coups d'Etat, foulant aux pieds les garanties constitutionnelles, écrasant les peuples sous le poids de dictatures implacables.

En France même, les fascistes s'organisent et font des progrès continuels, grâce aux millions dont ils disposent, car ils sont soutenus, chez nous comme ailleurs, par les richissimes potentats, les mercantis avides, les spéculateurs éhontés qui s'enrichissent aux dépens de la nation toute entière.

Nous l'avons connu en France déjà, le fascisme. Il s'appelait Césarisme. Nous avons eu également notre Terreur blanche, en 1815, les fusillades en 1848 et le coup d'Etat de Napoléon III et la sanglante répression de la Commune. Et toujours derrière les tyrans et les oppresseurs, nous trouvons l'Eglise, implacable ennemie du progrès et de la liberté.

Mussolini, qui fait assassiner les militants républicains et socialistes, qui permet le pillage et l'incendie des loges maçonniques et des bourses du travail, se fait le complice du Vatican. Il raccroche les crucifix dans les écoles et dans les tribunaux et il augmente les traitements des 40.000 curés qui pompent la cervelle du peuple italien.

Les tyrans ont besoin des prêtres. Et les prêtres s'appuient sur les tyrans.

Leur but est le même, en effet. Opprimer les consciences, abêtir les pauvres, afin de pouvoir les dépouiller plus facilement.

La Libre Pensée se dresse contre le Fascisme, parce qu'elle revendique, pour tout citoyen, la liberté d'opinion et de conscience. Parce que l'Etat doit être complètement séparé des Eglises. Parce qu'il n'y a de progrès possible que dans l'ordre, la démocratie, la discussion consciente et fraternelle. Parce que l'oppression d'un peuple entier par une minorité de bandits armés jusqu'aux dents constitue un révoltant retour à la barbarie.

Le Fascisme, c'est le règne des Despotes, des Soudards et des Prêtres.

Le Fascisme, c'est l'excitation du chauvinisme et la guerre prochaine.

Le Fascisme... c'est l'abandon des progrès chèrement réalisés par nos pères, c'est un recul de cinquante années, c'est la fin des libertés de réunion, de la presse, du syndicalisme.

Nous ne voulons pas cela !

Et nous devons être prêts, fût-ce au péril de notre vie,

à barrer la route aux tortionnaires fleurdelysés et aux marion-
nettes politiques fanatisées par les sacristies.

Depuis le 11 mai 1924, les évêques de France ont pu, impu-
nément, mobiliser des centaines de milliers d'hommes igno-
rants et craintifs et préparer ainsi le terrain aux futurs
étrangleurs de Marianne.

N'est-il pas temps, citoyens, de nous organiser, à notre tour,
solidement ?

Il faut nous unir étroitement sur le terrain de la Libre
Pensée. C'est là que l'entente féconde peut se faire, puisque la
Libre Pensée veut rester indépendante de tous les partis et
puisqu'elle accueille fraternellement dans son sein toutes les
tendances et toutes les opinions de gauche et d'extrême-gauche.

Contre le fascisme qui vient, contre le cléricalisme qui guette
vos enfants, contre la guerre criminelle, contre les voracités
sans frein, unissons-nous !

Affirmez les droits de votre conscience et votre espoir dans
un monde meilleur : venez à la Libre Pensée !

> **" Ne nous laissons pas tromper par des journaux stipendiés "**
>
> J. H. ROSNY Jeune.

Il y a deux professions pour lesquelles aucune référence n'est exigée et qu'un repris de justice peut exercer avec sérénité :

La profession de journaliste, qui dispose de l'honneur de ses contemporains. La profession de banquier qui dispose de leur argent.

G. de la FOUCHARDIÈRE.

Le mal dont nous souffrons, c'est une détestable organisation de la presse. Elle n'est plus un organe d'opinion, elle est la servante d'intérêts occultes.

Jean JAURÈS.

Les acheteurs croient tous à la fiction du journal dit : indépendant... Ils sont certains que le Petit Journal, le Petit Parisien, le Journal, le Matin, pour ne citer que ceux-là, sont des feuilles d'opinion libre. Ils ne se doutent pas que les deux premiers sont des agences de propagande financière, habiles à drainer les sous de leurs lecteurs, et que les deux autres sont d'admirables machines à décrocher des concessions au Congo ou au Maroc, à obtenir pour 500.000 francs des affaires qui valent 40 millions.

Paul REBOUX (Les Drapeaux).

La grande presse française parisienne, qui fait l'opinion française sur la politique étrangère, ne dépend que des financiers.

Charles SEIGNOBOS.

Dans les "entreprises de presse", improprement appelées des journaux, les journalistes ne comptent plus; ils sont, selon le mot de Binet-Valmer, des "employés". Les patrons, redoutant, haïssant, méprisant les écrivains, vivent avec des gens de Bourse, des gens d'écurie, des gens de théâtre, des invertis, des proxénètes, des hommes et des femmes d'affaires, des politiciens à tout faire...

Urbain GOHIER.

Il est de tradition qu'en matière financière, notre presse se vende au plus offrant.

Cette vénalité même est tellement entrée dans les mœurs qu'elle est acceptée et considérée comme toute naturelle par les gens du métier, mais le public ne soupçonne que vaguement ces pratiques.

Il ne sait pas à quel point il est joué.

LYSIS.

Le Crime de 1914
par André LORULOT

UNE FORTE BROCHURE : 1,40 franco.— Répandez-la !

Napoléon le Brigand. (Les crimes de Napoléon, etc ; excellente documentation contre le chauvinisme et la guerre), par André LORULOT (0,50).

L'Education et l'Enseignement sexuels de l'Enfant, par Manuel DEVALDÈS (0,50) ;

L'idéal du Fascisme

Le Fascisme, c'est l'assassinat !

● ● ●

Dès 1919, la *mano negra* réactionnaire s'est préoccupée de dresser une liste très exacte de ses adversaires politiques les plus dangereux. Cette liste, qui se trouvait à l'hôtel Eden, à l'époque bastion des monarchistes et des corps francs, fut baptisée la *Moerderliste*, c'est-à-dire la liste de ceux qui étaient voués à l'assassinat.

On n'a pas oublié la féroce tuerie de Rosa Luxembourg et de Liebnecht, les coups de revolver du comte Aerco sur le valeureux Kurt Eisner ,le massacre de Hugo Haase, chef du parti socialiste indépendant, le meurtre, par des soldats de la Reichswer, du pacifiste notoire Hans Paasche, les attentats contre le démocrate pacifiste Hellmus von Gerlach et le médecin juif berlinois Dr Hirschfed, et, plus récemment, l'assassinat du chef des socialistes indépendants berlinois, l'infortuné Gareis, coupable d'avoir dénoncé à la tribune de la Diète les agissements de l'Orgesch.

L'écrivain allemand E.-J. Gumbel cite, dans son ouvrage *Deux années d'assassinats*, trois cent vingt-neuf victimes d'assassinats politiques, dès le mois de mars 1921. Dans trois cent quatorze cas, les assassinés appartenaient au parti démocratique, quinze seulement au parti pangermaniste. Or, sur les trois cent quatorze dont les démocrates ont été les victimes, il n'y a eu que six condamnations (sur lesquelles une seule capitale qui fut commuée dans les vingt-quatre heures). En revanche, sur les quinze assassinats commis par les partis de gauche, il y eut huit condamnations capitales. Cent soixante-dix-sept années de travaux forcés et de prison ont été réparties entre les sept restant, soit une moyenne de ving-cinq ans pour chacun.

Le professeur Nicolaï faisait remarquer dans sa préface au livre de Gumbel, que presque tous les chefs de l'extrême-gauche ont été tués, tandis qu'aucun leader de la droite n'avait encore été frappé.

Cité par Copin ALBANCELLI).

REFLEXIONS

Le prêtre n'encourage pas l'homme à adopter du nouveau. Il s'attache à la vieille, vieille histoire et continue à la prêcher comme si elle était la vérité.

Croire au Ciel ne rend pas l'homme plus heureux que *croire à l'Enfer* ne le tient au chaud.

Dieu aurait dû lire Darwin avant de dicter à Moïse le livre de la Génèse.

Quelques portraits de Dieu le font plutôt ressembler au Diable.

En propageant les superstitions les plus absurdes,
l'Eglise travaille pour le Capitalisme et le Fascisme.

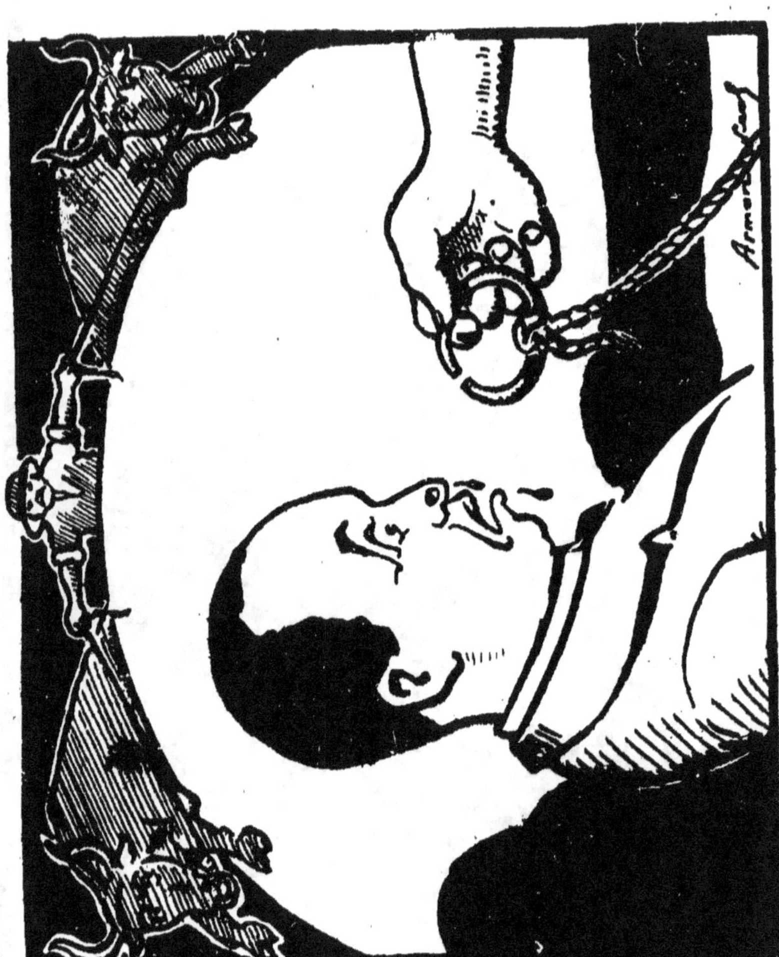

(Mussolini a eu les deux ailes du nez traversées par une balle...)

— Comme aux taureaux furieux, c'est le moment de lui passer un anneau dans le nez, pour le rendre inoffensif !

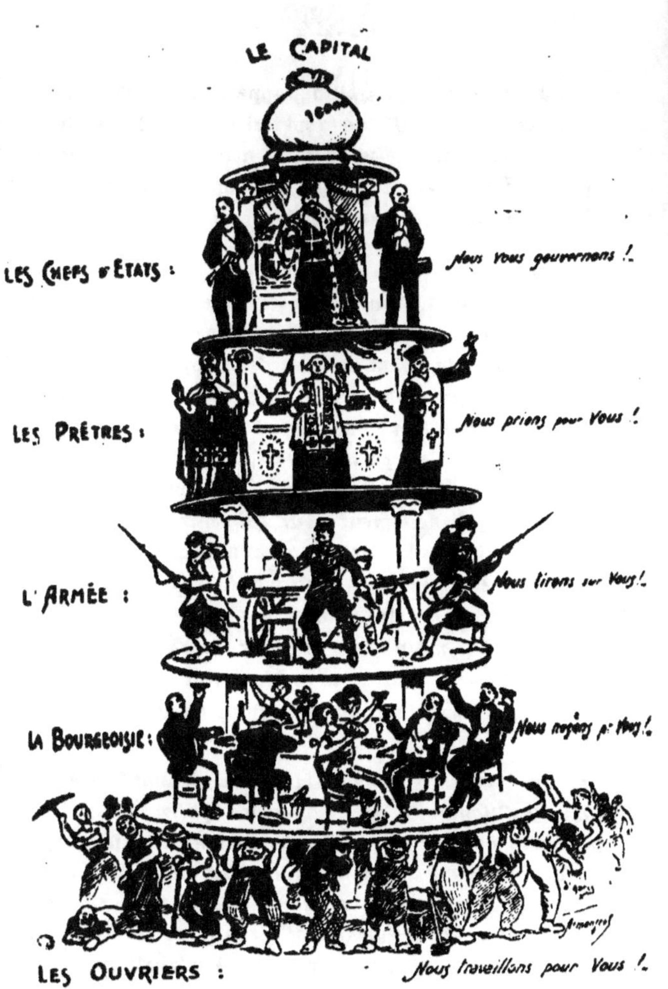

LA PYRAMIDE
DE LA TYRANNIE

L'" évolution " de Mussolini

En l'étude du notaire Camillo Tappati, de Turin, existe — inscrite sous le n° 51413 du répertoire, une déclaration de Mme Irène Dasler, fille de feu Albino, née à Trente et diplômée à Paris en culture et esthétique physiques, ex-maîtresse de Mussolini, qui contient textuellement ceci :

Je déclare que j'ai vécu maritalement environ deux ans à partir du printemps 1914 avec Monsieur Benito Mussolini dont j'eus un fils légalement reconnu par son père et inscrit au bureau de l'état-civil de Milan par moi, déclarante, et j'atteste qu'à l'époque où Mussolini donna sa démission de directeur de l'Avanti, nous nous trouvions dans une gêne telle que nous avions fait le projet de partir pour l'Amérique, projet qui fut ensuite abandonné. En cette période, je disposais du peu que je possédais personnellement pour subvenir à nos besoins. Après la fondation du Popolo d'Italia, notre condition ne changea guère et notre gêne continua. Mais à l'improviste, au retour d'un voyage de Mussolini à Genève, en janvier 1914 ou 1915, je ne saurais maintenant préciser, notre situation économique se modifia du tout au tout. Mussolini disait avoir beaucoup d'argent et je me souviens de lui en avoir vu manier beaucoup.

Avant son voyage à Genève, Mussolini m'ayant parlé d'une offre d'un million faite par un personnage français, qu'il me nomma mais dont je n'ai pas retenu le nom, sous condition que le journal ferait une campagne très vigoureuse pour l'intervention de l'Italie dans la guerre et contre les ennemis de cette intervention. Je lui demandai à son retour si l'argent qu'il me montrait provenait de l'offre dont il m'avait parlé. Il me répondit que cet argent venait de France. Il m'offrit un brillant que je n'acceptai pas.

Je me rappelle que le voyage de Mussolini à Genève ayant été très commenté dans les milieux socialistes de Milan, il s'en montrait avec moi très préoccupé : « Je suis perdu parce qu'ils se sont aperçu de quelque chose, me disait-il. C'est pourquoi Mussolini décida de ne plus se rendre à l'étranger, ses voyages étant tropremarqués. Il employait MM. Clerici et Morgagni,

Clerici pour aller à l'étranger, Morgagni pour changer l'argent et autres opérations.

Il me souvient que Clerici et Morgagni, de condition peu brillante avant de connaître Mussolini à son retour de Genève, vivaient ensuite dans le luxe et Clerici, à ce que me dit Mussolini, acheta une villa a Varèse.

Je répète que plusieurs fois Mussolini fut amené à me dire que l'argent du journal était fourni par la France.

Je suis prêt à répéter ces déclarations n'importe quand et devant qui que ce soit, même sous la foi du serment.

... Mais il y a un autre point à bien souligner la complicité du gouvernement genevois. Mussolini était expulsé de Genève et, au surplus nous étions en période de guerre, avec des difficultés accrues pour se rendre d'un pays à l'autre. Or, le misérable traître a pu venir notoirement — ce ne fut un mystère pour personne -- sans que la police ait cru devoir l'arrêter pour rupture de ban, comme elle le fait presque chaque jour pour l'un ou l'autre des milliers d'expulsés de la ville du refuge.

(Le Réveil, de Genève, 31-7-25.)

||||||||||||||||||||||||||||||||||||||||||||||||||||||||||||||||||||||||||||||||||||||||||||||||||||||

SUR 1000 FRANCS D'IMPOTS OU DE REVENUS QU'UN CONTRIBUABLE FOURNIT A L'ETAT, 58 FR. 50 VONT AUX CHARGES DE LA DETTE, 17 FR. 20 AUX DEPENSES MILITAIRES ET 24 FR. 30 AUX DEPENSES CIVILES.

M. Henri CHÉRON,
(Rapporteur des projets fiscaux au Sénat).

..

« IL EST INTERESSANT DE RAPPROCHER DEUX CHIFFRES PRIS DANS LE BUDGET DES REGIONS LIBEREES.

« SECOURS ET ALLOCATIONS AUX HABITANTS DES REGIONS LIBEREES : 200.000 FRANCS.

« FRAIS DE TRANSPORTS AUTOMOBILES DES FONCTIONNAIRES ET AGENTS DES SERVICES DE RECONSTITUTION : 1.700.000 FRANCS.

LES COMMENTAIRES SONT INUTILES ».

Le Réveil Economique.

" L'ordre " règne en Italie...

L'EGLISE ET LA FINANCE

Plusieurs journaux ont publié la note suivante :

« La banque Morgan-Harwood, qui a été fondée récemment, vient d'envoyer des milliers de lettres au clergé de l'Eglise luthérienne, le suppliant de vendre du franc à très bas prix dans le but de ruiner le crédit de la France. Or, quelques-unes de ces lettres, par mégarde, ont été envoyées à des maisons de commerce.

« Ces lettres, signées par Erwin E. Popcke, membre de la banque Morgan-Harwood, et fils du révérend William Popcke, de l'Eglise luthérienne, disaient entre autres :

« Un autre conflit armé est en perspective si la situation européenne ne s'arrange pas. La France aspire à l'hégémonie politique et son armée est la plus puissante du monde.

« Des milliers de nos frères en la foi luthérienne ont perdu espoir et des milliers ont abandonné le giron de l'Eglise. Nous devons ranimer leur foi patriotique. L'Allemagne est écrasée

par une nation d'une autre religion. Le luthéranisme périra-
t-il sur le sol où il a vu le jour ?

« Nous avons un moyen de l'empêcher. L'argent est le sang
d'une nation, et si le crédit français est entièrement ruiné,
la France sera mise à genoux. Le franc doit être anéanti. C'est
notre arme contre l'arrogance française.

« Des ordres de vente étaient annexés à ces lettres et l'on
croit que le flot français d'argent jeté sur le marché est le
résultat de cet appel au patriotisme de ces Germano-Améri
cains.

« M. J. Fuller, directeur de la banque, affirme que ces
lettres n'étaient que de simples propositions d'affaires, sans
signification internationale. »

Ce qui s'est passé en Amérique en la circonstance se passe
en d'autres pays.

On exploite les sentiments religieux, si vivants encore chez
certaines populations, pour faire des affaires et pour ramasser
des millions.

On appelle les simples d'esprit au secours de la religion,
pour qu'ils vendent leurs devises ou leurs actions. Et l'on
rachète celles-ci à bas prix, en attendant de les revendre avec
un gros bénéfice.

Travailleurs, n'envoyez pas vos enfants à l'Eglise !

*La vraie pensée de l'Eglise
sur l'Enseignement :*

Nous voulons et nous re-
vendiquons la liberté d'enseignement entière, entière
pour l'Eglise, qui a une
mission divine, non pas entière pour tous, croyants
ou libres penseurs. La liberté est la garantie du
droit et il n'y a pas de droit
pour l'erreur et pour le
mensonge.

Père MARQUIGNY
(de la Compagnie de Jésus)

Ultimes Paroles, par Léon TOLSTOI.

Un beau volume, contenant les derniers écrits du grand penseur russe : *Je ne puis me taire* ; *Poursuivez-moi* ; *Tu ne tueras point* ; *La peine de mort et le Christianisme* ; *Aimez-vous les uns les autres* ; *Appel à la Jeunesse* ; *La religion et les Religions* ; *Les deux Morales* ; *Mon Testament.*

Franco recommandé : 5 francs

On cherche à vous faire peur avec le Socialisme, le Bolchevisme ou la Révolution, mais de quel côté sont les violents et les criminels? En Pologne, en Bulgarie, en Italie, en Hongrie, partout où règnent les dictateurs fascistes, que de crime abominables ont été commis par la bourgeoisie?

240

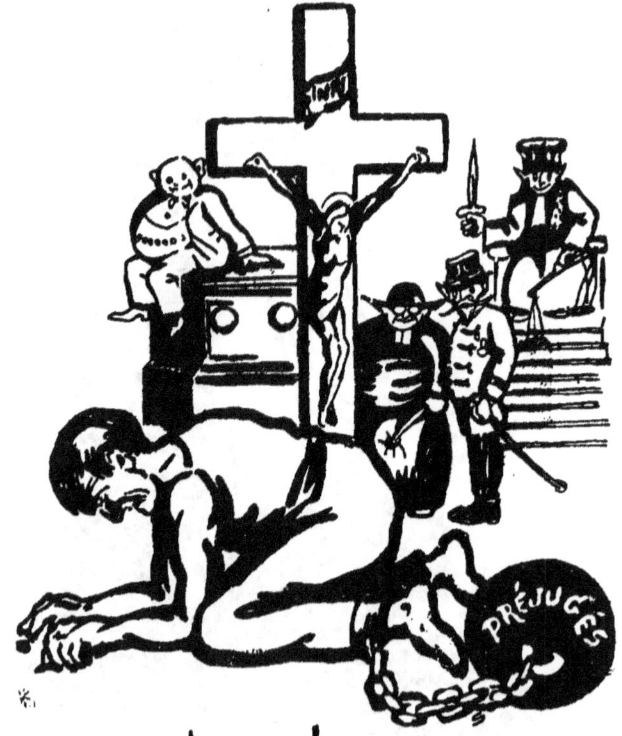

Comment veux-tu avancer avec ça !

Le Fascisme, c'est le règne de l'Eglise et l'abrutissement du peuple.

Le Fascisme, c'est l'assassinat des militants ouvriers, des démocrates, des libres-penseurs. C'est la detruction des Bourses du travail et des coopératives, la suppression de la liberté de la presse, de la liberté de réunion, du droit syndical.

Le Fascisme, c'est l'éteignoir sur la pensée humaine, c'est la trique et la brutalité.

LE FASCISME, C'EST LA GUERRE !

Nous comptons sur nos amis pour répandre cette bonne brochure. Ils feront une propagande excellente.

*Pour la propagande, la présente brochure est en vente au prix de **30 fr.** le cent, franco.*

Imprimerie de l'Idée Libre, Conflans-Honorine (Seine-et-Oise)

L'imprimeur-gérant : Frédéric Lecomte

www.ingramcontent.com/pod-product-compliance
Lightning Source LLC
LaVergne TN
LVHW021457060726
842527LV00006B/2293